ZEIT

Ein Themenbuch

von Gerd Steinkoenig

PROLOG

Sehnen in die 1970ern.... Natürlich lebe ich im Hier und Heute - trotz Putin, Trump, AfD... Ich meine wegen der Musik!! Heute nur noch Musik-Wegwerfware, keine Zeit für kulturelle, niveauvolle Musik, denn heute ist meistens nur noch Bum Bum & Hip Hop & Metal. Hach, meine 1970er: bei Fool's Ouvertüre von Supertramp (siehe das Youtube -Video unten), oder Supper's Ready von Genesis, oder Shine On Your Crazy Diamond (komplett) von Pink Floyd... Niveauvoll, Zeit zum Entspannen und genießen mit kreativen Musikhorizonten! Kein 3 Minuten-08/15-Mainstream-Radiohit, sondern ein Songkonstrukt mit über 10 Minuten oder über 20 Minuten. Keine Techno-20 Minuten, sondern ein Songepos mit Musik-Kultur, diverse Sounds, diverse Songideen, in die Reise ins eigene Gehirn. Zu 90 % hab ich meine Vinyl-LPs nicht (seit Dezember 2017). Ich seh bei Youtube das LP-Cover von Supertramp aus dem Even-Album (da ist ja Fool's) und äuge das Klavier voller Schnee, und für mich wsr das vor einer Sekunde... Zeitreise in die 1970ern... Ich hab bei vielen ISBN-Büchern über mein Lieblingsthema ZEIT geschrieben - über die legendäre Musik aus den 60ern/70ern/80ern/auch 90er, über die legendären TV-Serien, Filme... Trotzdem muss ich wieder schreibkotzen über den heutigen Kulturschrott, Oberflächlichkeit, und eben über die legendären 1970er Vinyl-LPs aus dem Progrock! Heute haste nur noch 08/15-Musikanlagen, am Besten ganz klein und stromlinienförmig. Aus den 70ern hatte ich Feiertag, wenn ich ein neues Album erwarb: feierlich die Platte auflegen, an den Unstaub denken, hinsetzen, die

Coverkunst genießen, den Text lesen (öfter sogar mit deutscher Übersetzung), und immer 2 geile Boxen (am Besten Pioneer). Die jungen Leute: hää?? Was?? Na ja, iss halt so... Ich durfte es erleben aus den 70ern, 80ern! Nicht nur Progrock (Genesis, Pink Floyd, Yes, EL&P, Supertramp, Manfred Manns Earthband, Frank Zappa, Jethro Tull...), sondern auch Deep Purple, Led Zeppelin, The Police, U 2, Dire Straits, Rainbow, David Bowie, Neil Young, Kate Bush, Jimi Hendrix, The Beatles, Rolling Stones, Cream, The Doors, Bruce Springsteen, Blue Öyster Cult, Depeche Mode etc etc etc... Natürlich ist immer Top 10: im Endeffekt waren natürlich die Charts von früher besser, zB sogar Boney M, Abba, aber auch Fleetwood Mac, Bee Gees, Boston, Foreigner, Prince, Sade, Gazebo, Earth Wind and Fire... Warum ich immer wieder bei meinen Books schreibe: wie lange ist Supper's Ready noch da? Wie lange ist Highway Star noch da? OK, die Hoffnung, wegen der History sind wenigstens The Beatles relativ ewig da - könnte natürlich sein: eher Help (Mainstream), statt A Day In The Life (Kunst!)... Ich hab 65 ISBN-Bücher geschrieben (kommt bald bei #amazon etc, mein 65. Buch), hab viele Sachen über Musik geschrieben (und über vieles vieles mehr, mit meiner Lebensphilosophie, Lyrics, Fotos etc) über Genesis bis Coldplay und ich hoffe, das auch in 100 Jahren viele viele Alben noch da sind! Andererseits: sind in 10000 Jahren noch die Beatles da?? Und irgendwann in 4 bis 5 Milliarden Jahren ist die Erde zerstört (wir haben immer Lebenskreislauf - auch mit der Erde, in ca 4 bis 5 Milliarden Jahren stirbt sie - viel zu heiß und der Mond stürzt auf die Erde). Also: umsonst mit Deutsche Nationalbibliothek für Gerd? Umsonst über die Kompositionen über The Dark Side Of The Moon (Pink Floyd)? Was ist der Sinn des Lebens? Hab ich den richtigen neuen Weg? Herrje, schon wieder Philosophie.. That's all...

C P Gerd Steinkoenig #BoD 2. Juni 2024

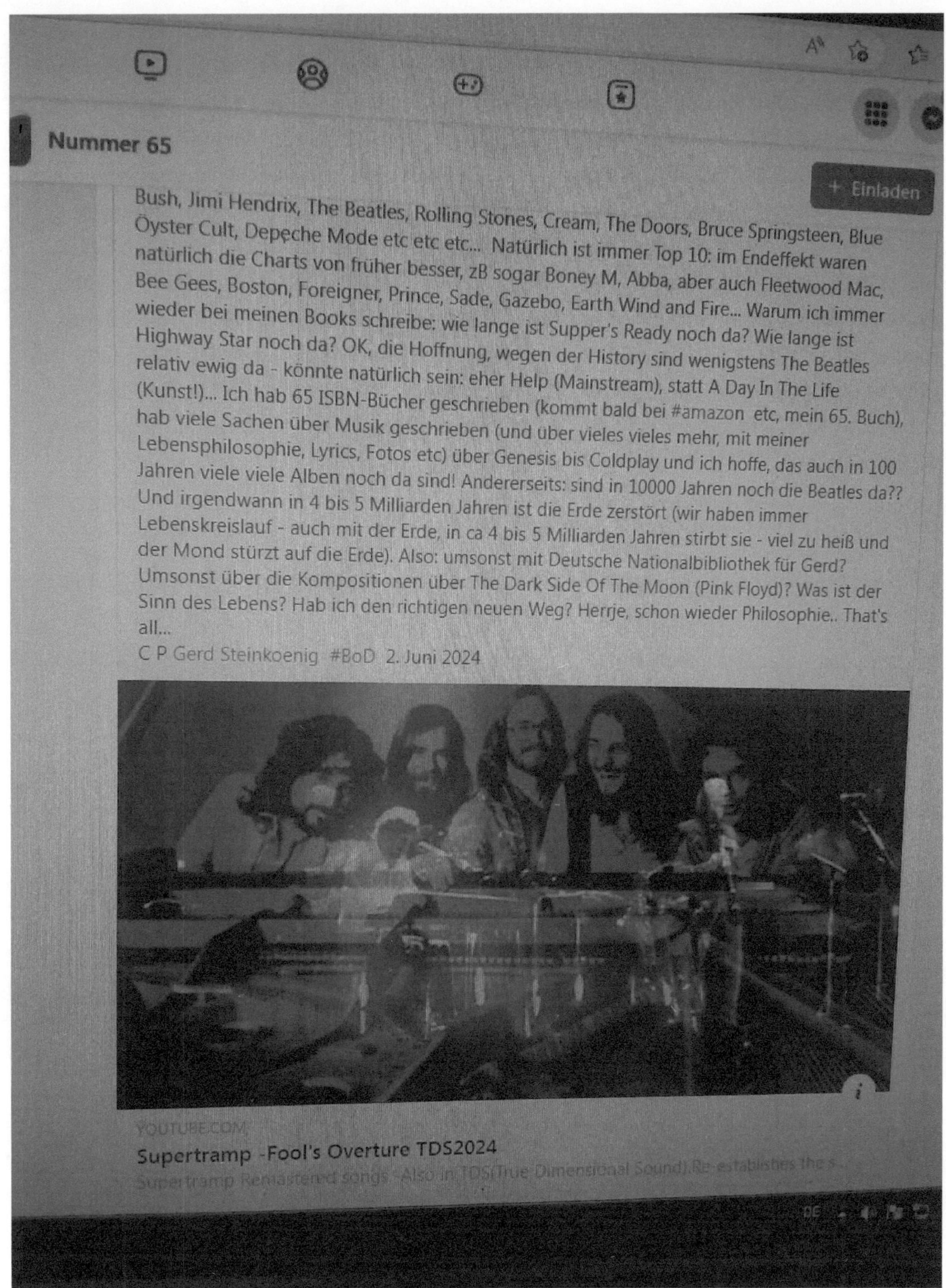

Bush, Jimi Hendrix, The Beatles, Rolling Stones, Cream, The Doors, Bruce Springsteen, Blue Öyster Cult, Depeche Mode etc etc etc... Natürlich ist immer Top 10: im Endeffekt waren natürlich die Charts von früher besser, zB sogar Boney M, Abba, aber auch Fleetwood Mac, Bee Gees, Boston, Foreigner, Prince, Sade, Gazebo, Earth Wind and Fire... Warum ich immer wieder bei meinen Books schreibe: wie lange ist Supper's Ready noch da? Wie lange ist Highway Star noch da? OK, die Hoffnung, wegen der History sind wenigstens The Beatles relativ ewig da - könnte natürlich sein: eher Help (Mainstream), statt A Day In The Life (Kunst!)... Ich hab 65 ISBN-Bücher geschrieben (kommt bald bei #amazon etc, mein 65. Buch), hab viele Sachen über Musik geschrieben (und über vieles vieles mehr, mit meiner Lebensphilosophie, Lyrics, Fotos etc) über Genesis bis Coldplay und ich hoffe, das auch in 100 Jahren viele viele Alben noch da sind! Andererseits: sind in 10000 Jahren noch die Beatles da?? Und irgendwann in 4 bis 5 Milliarden Jahren ist die Erde zerstört (wir haben immer Lebenskreislauf - auch mit der Erde, in ca 4 bis 5 Milliarden Jahren stirbt sie - viel zu heiß und der Mond stürzt auf die Erde). Also: umsonst mit Deutsche Nationalbibliothek für Gerd? Umsonst über die Kompositionen über The Dark Side Of The Moon (Pink Floyd)? Was ist der Sinn des Lebens? Hab ich den richtigen neuen Weg? Herrje, schon wieder Philosophie.. That's all...
C P Gerd Steinkoenig #BoD 2. Juni 2024

Mein Lieblingsthema ZEIT.... Dazu könnte man zum endlich endgültigen Abschluss über meine Bücher doch schreiben: über ein einziges Thema ZEIT! In all den ISBN-Büchern war oft

ZEIT dabei (das letzte 65. Book kommt bald! #amazon #thaliabuchhandlungen) : zB mit Zeitoasen, Zeitgeister, Zeitreisen, Zeitensammler, Zeitraffer und und... Nicht nur über mich selbst (Prolog dazu hab ich schon zuletzt geschrieben, hihihi), sondern über die Menschheitsgeschichte von D-Day 1944 bis Mauerfall 1989 bis zur Machtergreifung von Trump 2016 bzw 2017, aber auch über die Menschen selbst: Geschichtsvergessenheit bis Zeitgeistervergessenheit! Kein 16 oder 20jähriger oder 30jähriger hat keine Ahnung über den Zeitgeist, Lebensgeist hier und jetzt im Jahre 1973, 1975 oder 1977... Bei den TV-Historymusiksendungen sind aus den 70ern viel eher Top 10-Charts von Boney M, Abba, Sweet, Smokie - aber keine "Sau" hat Ahnung über Fly Like An Eagle (Steve Miller Band), Desperado (Eagles) oder Time (Pink Floyd) oder Mad Man Moon (Genesis)... Und natürlich über das Leben selbst über Jobs, Schule, Freund:innen, Discos etc etc... Mit diesen 4 Attributen ist es ganz anders im Jahr 2024, als von 1976! OK, meine neue Aufgabe! Mein Buchthema only: ZEIT!

Foto: die ZEIT durch Bücher, CDS, DVDs... (3. Juni 2024)

C P Gerd Steinkoenig Gerd's Katze Molly hat ihre eigene Seite 3. Juni 2024

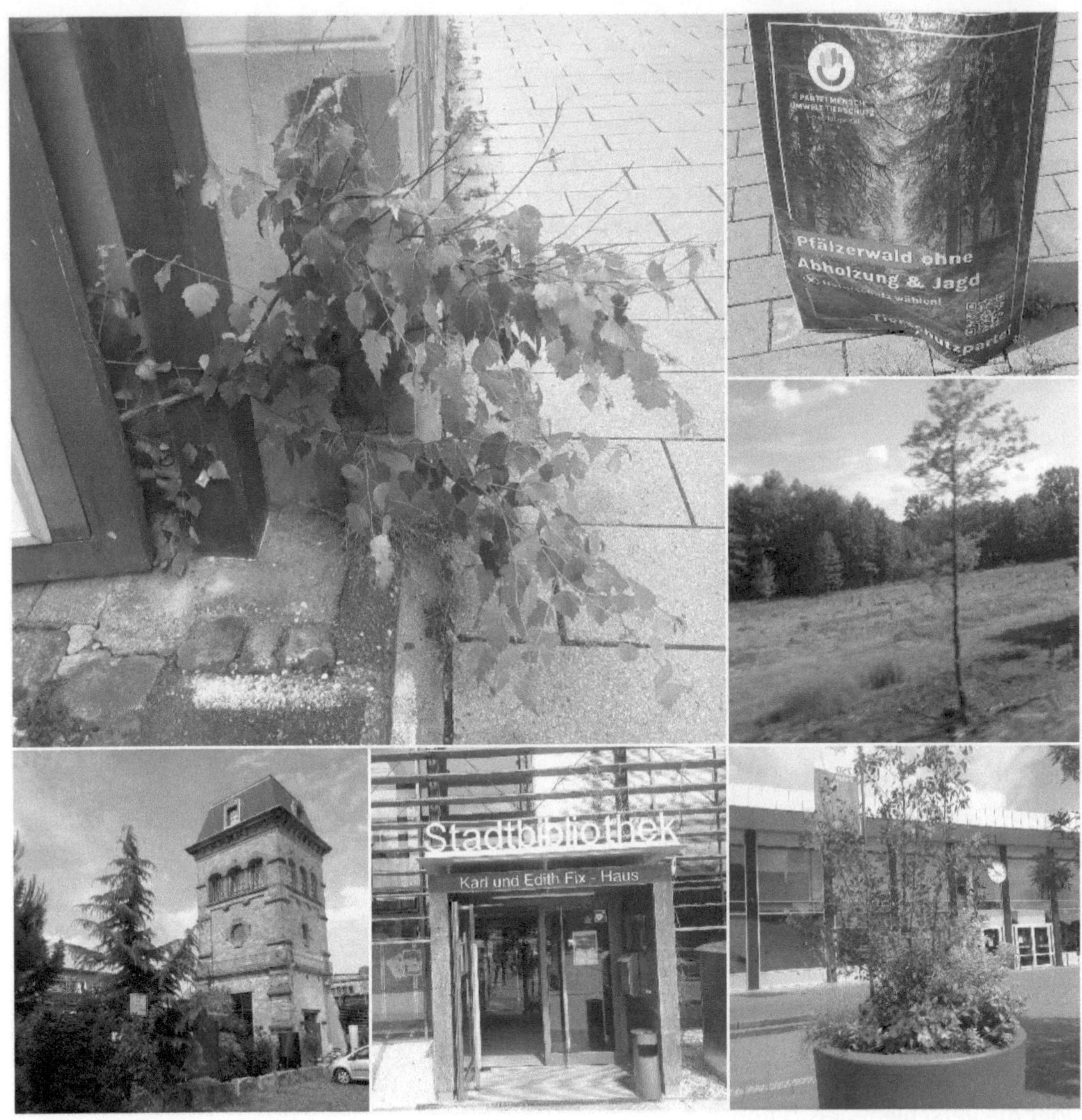

WOLKEN

SONNE

BLAUER HIMMEL

Singing In The Rain in New York City

Eine Pazifikinsel vor dem Untergang

Die gleichen Wolken in Annweiler

Mannheim

London

Peking

Kiew

Lagos

Buenos Aires

Der gleiche Himmel

Die gleiche Sonne

Der gleiche Mond

Ein Päärchen in Liebesromantik

In Berlin, in LA, in Rom, in Tokio

Wegen dem Vollmond oder im Abendrot

Die Wolken beobachten die Menschen

Über Liebe

Über Hxxx

Über die verschiedenen Zeiten

Die gleiche Liebe 1762 und 1982?

Der gleiche Hxxx 1520 und 2020?

Die vier Jahreszeiten durch den Kreislauf

Die Bäume wandeln sich im Leben

Egal ob 20000 v Chr und 2024 n Chr

Durch die Gezeiten ändern die Menschen

Und wissen es nicht

Die Human Nature meinen sie wären recht

Dabei ist 2024 nicht 1618, 1789, 1914...

(für die Gehandicapten: 1618: Beginn des

30jährigen Kriegs, 1789: Beginn Französische

Revolution, 1914: Beginn 1. Weltkrieg)

Menschen auf dem Planeten Erde:

Ein Experiment?

Eine Matrix?

Ein Traum von Doctor Who...

Tiere auf dem Raumschiff Erde

Tiere wissen Bescheid über die Erde-Instinkte

Menschen wissen es nicht

Sind Tiere Beobachter über die Human Nature?

Wolken

Sonne

Blauer Himmel

Ein Paradies? Ein Spiel? Der Kreislauf?

Die Hölle?

Denn im Himmel ist ja Paradies...

C P Gerd Steinkoenig 4. Juni 2024 00:03h

.

Mit Deine Freunde geteilt

ZEITRELATIONEN

Vor 50 Jahren wurde BR Deutschland Fußball-Weltmeister 1974 mit langhaarigen Spielern
(war ja 1974 normal, sogar bei den Kleinbürgern wars normal). In den Charts von 1974

waren Charts-Soundtrack von Sweet bis George McCrae. Es waren Telefonzellen an den Bürgersteigen, Telefon mit Wählscheibe (also zu Hause, heute sagt man Festnetz), Gurtpflicht im Auto gabs nicht, ein toter Formel 1-Rennfahrer pro Jahr war normal. Man kannte ja nicht die technische Zukunft (so wie man 2024 nicht weiß, welche Technik 2037 ist), dh es war 1974 eben cool über die Discos, Autos, Mode, Frisuren, Musik, die Möbel, die damaligen Tapeten, die Pril-Blumen etc. Und eben auch 1975, 1976, 1977... Es wsr total geil über meine 70er-Musikanlage (1976 mein offizieller Beginn als Plattensammler mit zB Genesis, The Beatles, Pink Floyd, Udo Lindenberg, Jethro Tull, Neil Young und und...). Heute kannste das vergessen - Musik ist nur noch Wegwerfware... Es wsr ein ganz anderer Zeitgeist aus den 1970ern! Kann sein durch meine Jugend - wie wäre ich 1974 drauf gewesen, wenn ich schon 40 wäre?! Trotzdem: die freiheitlichste, idealistischste, experimentellste Zeit waren die 1970er der Bonner Republik! Mit dem Tanz des Vulkans beim Kalten Krieg. Auch in den 1980ern war Freiheit, Experimente, Tanz auf dem Vulkan! Man darf (zB 1974) nicht vergessen: Patriarch waren oft nur die Männer, einfach nur gesoffen und geraucht überall (ohne Verbote), Umwelt versaut (war egal, einfach weggeschmissen, siehe "Umwelt 1970" aus meinem Buch Nr 65), härter gearbeitet (weniger automatisiert) etc! Andererseits waren in den 1970ern Kinder mit Straßenfußball, spielen mit der Natur, Schnitzeljagd, oder geklaut vom Nachbarapfelbaum... Die heutigen Kinder kennen nur Handy, Smartphone, Tablet, Laptop...

C P Gerd Steinkoenig 4. Juni 2024, 21:52h

LIEBE

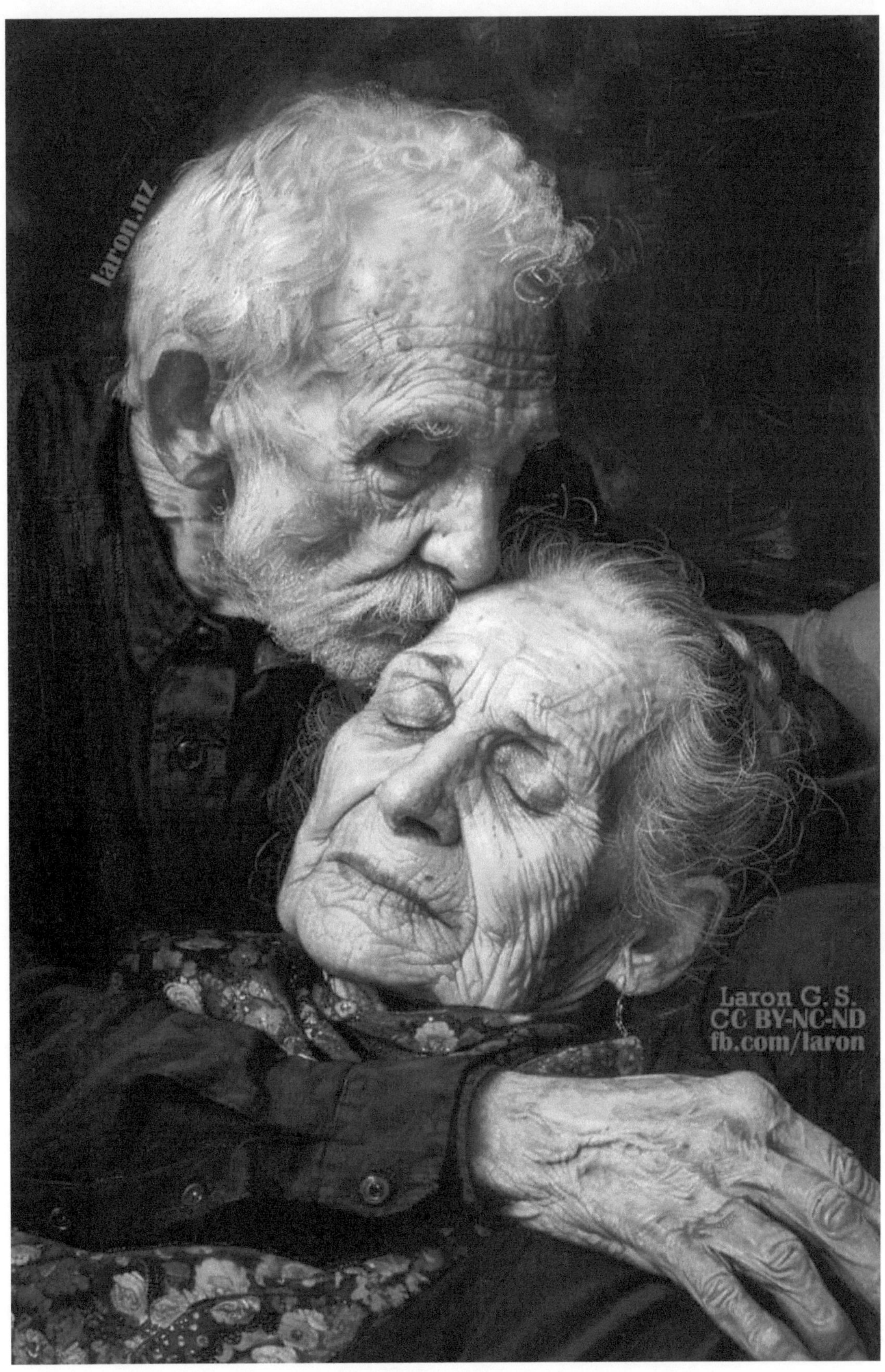
laron.itz
Laron G. S.
CC BY-NC-ND
fb.com/laron

ZEITMOMENTE nur in diesen Zeitsequenzen!

D-Day 1944 an der Nomandie! Invasion für das freie Europa. Meine ich! Andere meinen ganz was anderes. Und 1944 wars sowieso ganz anders. Die Gehirne der Menschen waren 1944 ganz anders drauf, und wiederum viele Unterscheidungen ob es ein Deutsch-Hirn ist, oder ein Frankreich-Hirn, oder aus GB oder USA... Es waren ganz andere Visuellträger. Vor Kurzem bei ZDF-Terra X-History war ein großes Boot und warteten von den hellweißgelben Raketen schnell auf schnell zum Strand aus dem Schiff. Die Augen sehen das und durch den langen Krieg wsr das normal. Heute sehen die Jungen das nur durch ComputerGames mit Ballerspielen oder sonstwas.

Geschichte wiederholt sich doch, durch die Vergessenheit der Vergangenheit. Die Leute labern und kapieren nicht, das der 3. Weltkrieg vor der Tür steht durch die Rechtsextremen, Linksextremen, Islamisten (wenn doch kein WW III, dann eben eine andere New World Order).

Ich selbst hab viele Leben! 2024 sinniere ich über meine Lebenszukunft (zB eventuell mit 75 zu einem seelenlosen deutschen Pflegeheim - garantiert nicht, denn ich will meine Ehre bis zur letzten Sekunde), ich hoffe für meine zukünftigen Betreuer:innen... Und tatsächlich eine liebevolle Frau für mich (ist aber Science Fiction, lach)... Oder 1976: der legendäre Jahrhundertsommer 76 mit Rodenbacher Schwimmbad mit J.S. R.H. H.W. etc etc. Es war mein Life-Zwischenstopp von Handelsschule Zipp (Mittlere Reife) bis Lehrstelle Hornung als Großhandelskaufmann. Das waren echt über 2 Monate Freizeit und Sonne, Sonne, Sonne. Dann meine Lehrstelle, der "Ernst des Lebens" mit mehr Sachen als Azubi, was man 2024 gar nicht machen kann... Ich wusste es nicht und es war ganz selbstverständlich cool und taff. Heute meinen viele, was haben die gemacht - aber 1976 kennt man nur das Leben 1976... Siehe vorher dazu bei einem Kapitel, von wegen: wir kennen nur die Technik von 1974...

Und wer hätte gedacht vom 11. September 2001? Der 9/11! Die Twin Tower waren weg mit ca 3000 Toten durch die Islamisten. Durch 9/11 war aufeinmal Trump da?? Wer hätte das gedacht, das George W Bush cooler ist als dieser Narzissen-Trump...

C P Gerd Steinkoenig 5. Juli 2024 14:55h

.

Mit Deine Freunde geteilt

ZEITWEGE

Gerolstein 12/1979, Mannheim 1984, Sommer 2005, Sommer 2014!

Oder Referat Kultur KL 2010, Jetzt 2024, mein Lebensjahr 1973!

Zeitwege mit Geraden und Kurven

Ich hatte es in meinen Books schon geschrieben

Über Mannheim, als ich kein Beamter mehr war

(Ich wäre seit ca 5 Jahren Pensionär...)

Oder Gerolstein, ich hätte nach der Bundeswehr

In diesem Ort zivil weiter arbeiten können

Im letzten Moment doch nicht...

Zeitwege sind Lebenswege, dh wie wäre ich geworden

In der Eifel in Gerolstein?

Mehr Unabhängigkeit ohne Eltern?

Oder Jahrzehnte lang in Monnem gewohnt?

Ein ganz anderer Zeitweg!

Vielleicht eine eigene Familie?!

Es ist einfach so wie es ist!

Immer mit positiven Energien

Vielleicht hätte ich nur noch ChartMainstream gehabt

Vielleicht hätte ich große Erlebnisse nicht gehabt

Vielleicht hätte ich doch Frau, Kind, Eigenheim gehabt

Es sollte so sein, wie es war/ist/wird

Durch Prüfungen, Schicksale, Erfahrungen durch Gott

Durch Schlaganfall 2017, die 1993-1997-Totalscheiße

Durch gute Zeitwege wie mein Umzug 2015 nach Annweiler

Es sollte so sein für mein neues positives Leben

Wer weiß: in Monnem war ich im schweren Knast

Dann doch schon im Jahr 2005 einen Schlaganfall??

Ist nur eine Hypothese, denn man weiß es eh nicht

Der Sinn des Lebens mit Wegen, Kurven, Fortschritte

Erfahrungen, Gefühle, Gedanken, Momente

C P Gerd Steinkoenig 5. Juni 2024 20:12h

DIE 5 LETZTEN ISBN-BÜCHER ALS VORZEIGEBÜCHER (AUS 66 BOOKS!) - DAS 5. BUCH WIRD
EBEN KREIRT: "ZEIT" (NR 66)... VON NR 62 BIS Nr 66! WERBUNG FÜR EUCH!!

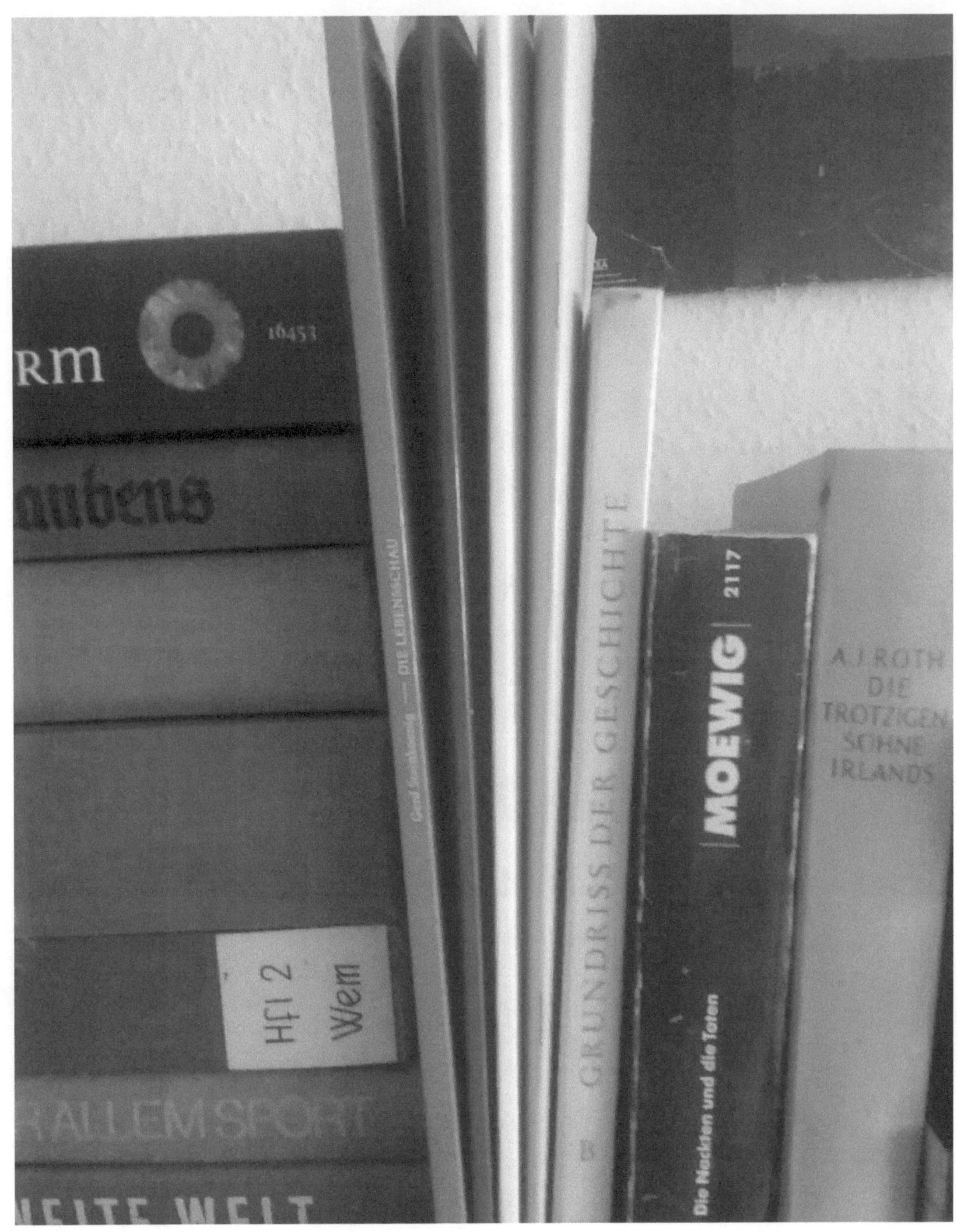
rm
16453
aubens
DIE LEBENSCHAU
Hft 2
Wem
ALLEM SPORT
WELT
GRUNDRISS DER GESCHICHTE
MOEWIG
2117
Die Nackten und die Toten
A.J. ROTH
DIE
TROTZIGEN
SÖHNE
IRLANDS

SUZI QUATRO WURDE EBEN 74 JAHRE ALT (JUNG!) SIE ÖFTER DABEI BEI MEINEN ISBN-BOOKS...

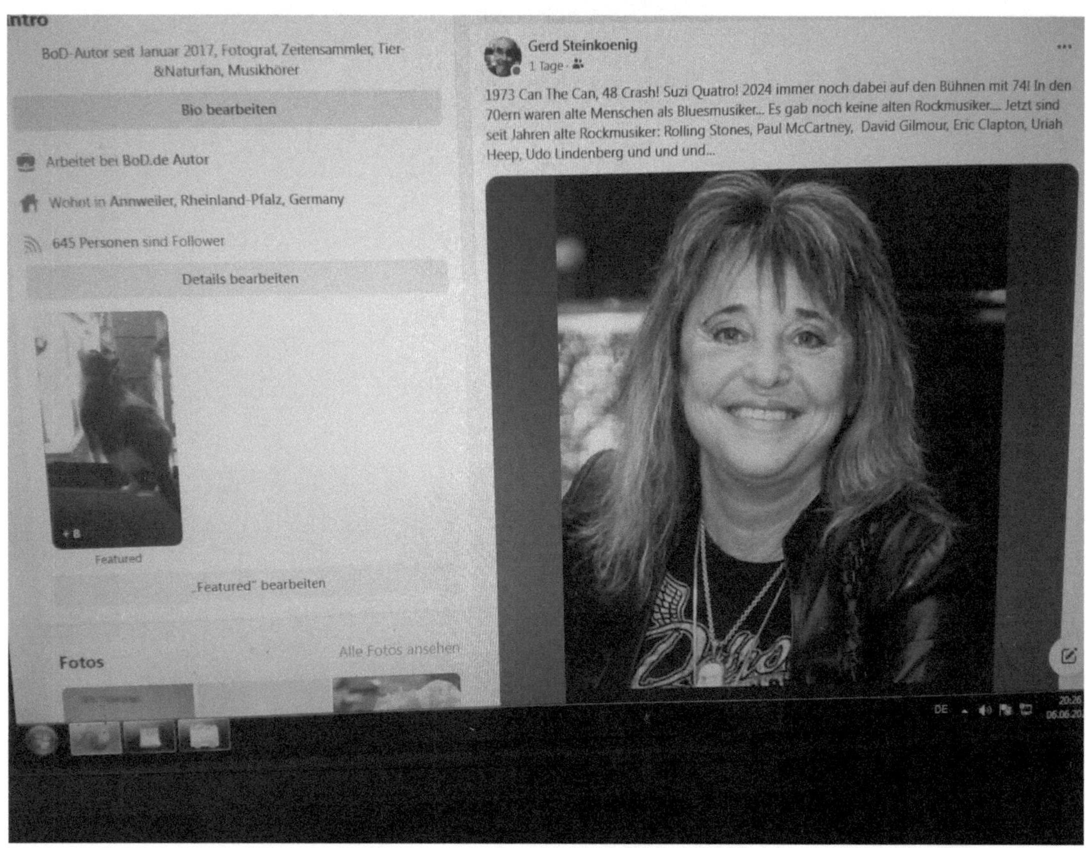

GODFATHER OF GERMAN COMEDY (LANGE VOR HEINZ ERHARD, LORIOT, OTTO...)

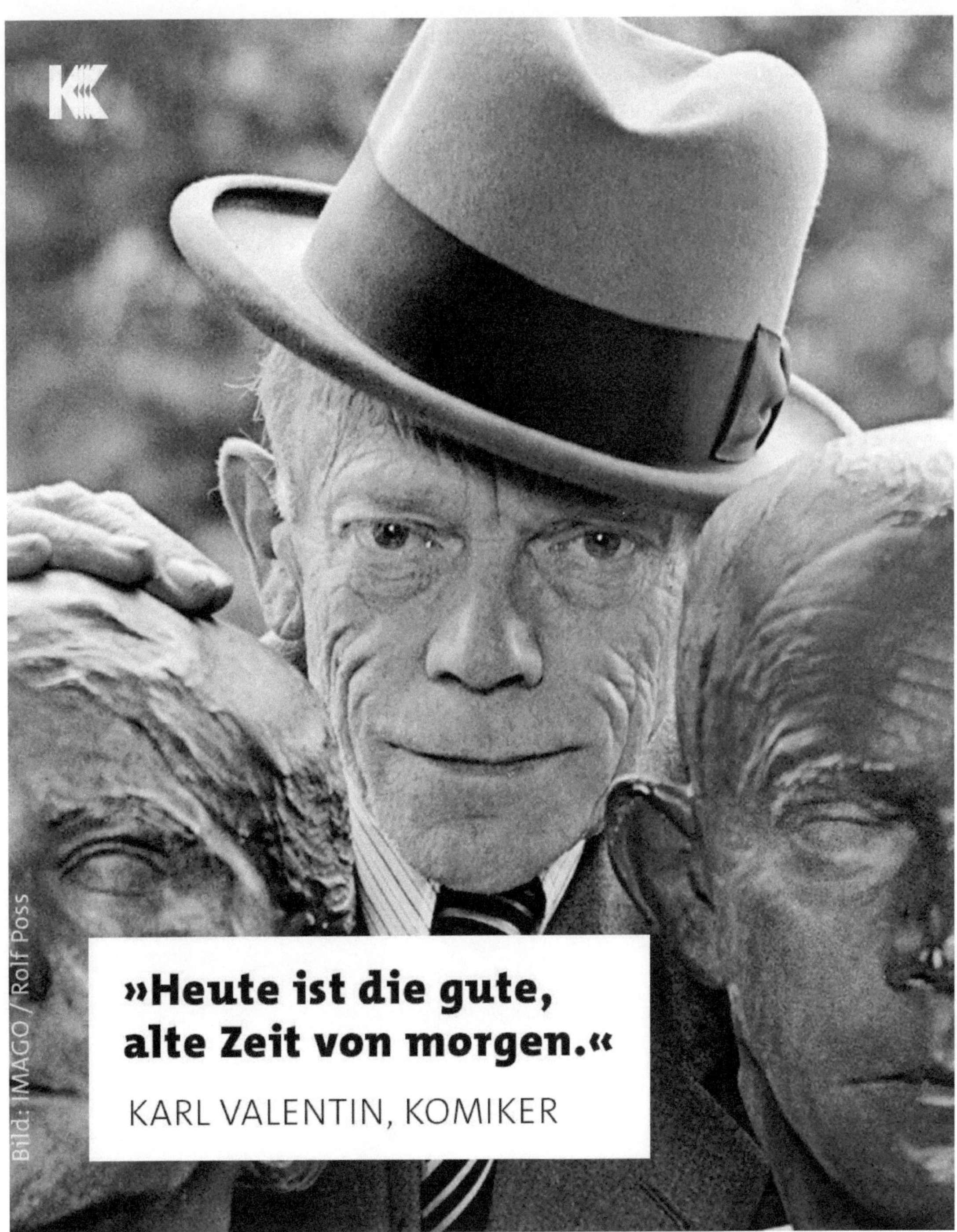

SWR Kultur

Karl Valentin war ein bedeutender deutscher Komiker, Schauspieler und Filmemacher im frühen 20. Jahrhundert und Wegbereiter für zahlreiche spätere Künstler. Er war besonders für seinen scharfsinnigen Humor und seine skurrilen Bühnenfiguren bekannt. Damit beeinflusste er nicht nur Komiker wie Loriot oder Helge Schneider, sondern gilt auch als Pionier des Tonfilms.

Valentin arbeitete oft mit seiner kongenialen Partnerin Liesl Karlstadt zusammen. Das Duo prägte das Münchner Kabarett und trat in zahlreichen Stücken und Filmen auf. Eines ihrer bekanntesten Werke ist der Kurzfilm „Orchesterprobe". Trotz seiner Auftritte, in denen er meist mit humorvollen Wortspielen arbeitete, litt Valentin unter Hypochondrie und Existenzängsten.

Am 4. Juni 1882 wurde Karl Valentin in München geboren. Könnt ihr euch an ein Werk von ihm erinnern?

Mehr Informationen über Valentin und seine Vita gibt's hier: http://x.swr.de/s/karlvalentin

#KarlValentin #LieslKarlstadt #Komiker #MünchnerKabarett #Orchesterprobe #SWRKultur

DIE ZEITLOSE MM - EIN JAHRTAUSENDFOTO!! DIESE FRAUEN-GESTIKEN...

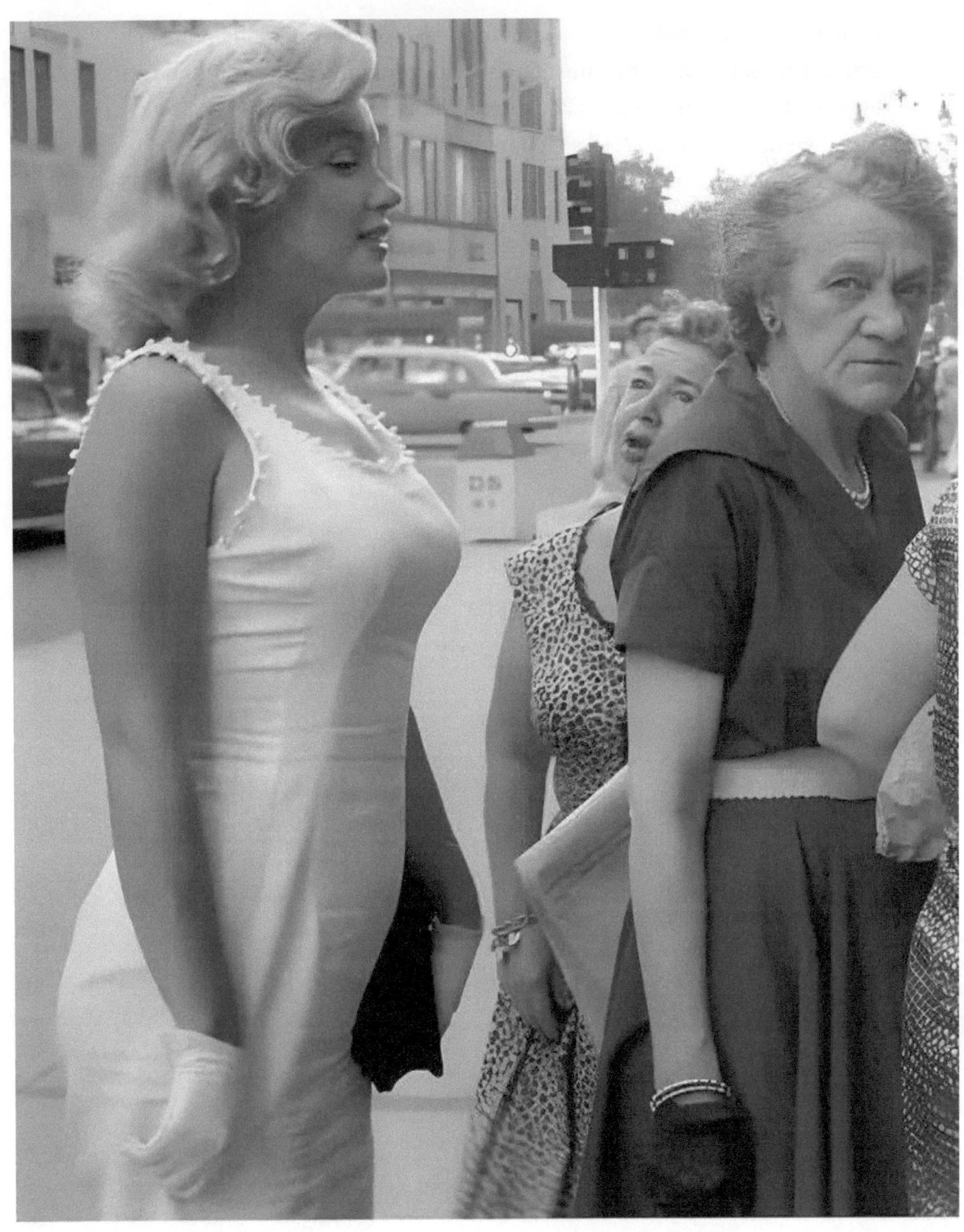

Black Wax Cafe

1. Juni um 12:57 ·

Born 98 years ago On This Day June 1 1926 - Marilyn Monroe

Marilyn Monroe (born Norma Jeane Mortenson; June 1, 1926 – August 4, 1962) was an

American actress, model, and singer. Known for playing comic "blonde bombshell" characters, she became one of the most popular sex symbols of the 1950s and early 1960s, as well as an emblem of the era's sexual revolution. She was a top-billed actress for a decade, and her films grossed $200 million (equivalent to $2 billion in 2022) by the time of her death in 1962. Long after her death, Monroe remains a pop culture icon. In 1999, the American Film Institute ranked her as the sixth-greatest female screen legend from the Golden Age of Hollywood.

PHOTO: Marilyn Monroe in line for a hot dog, New York, 1957

FEBRUARSONNE IN ANNWEILER 2022

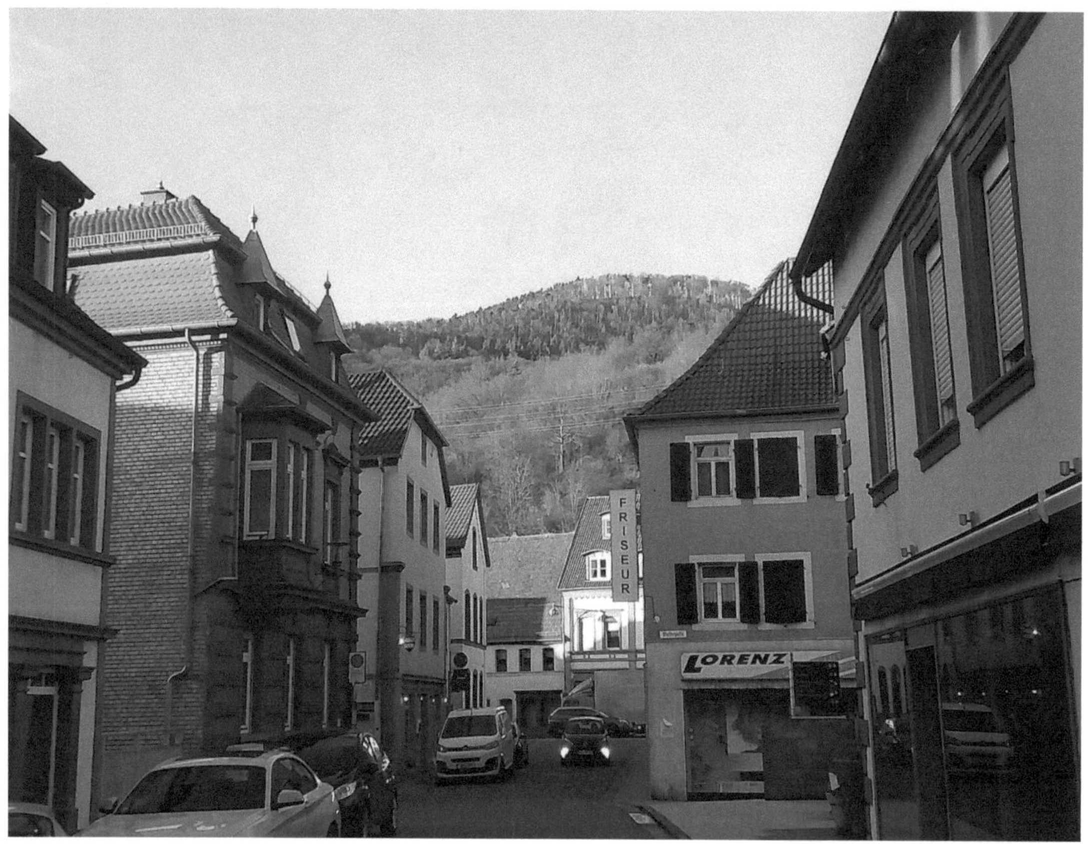

ZEITFOTOS!

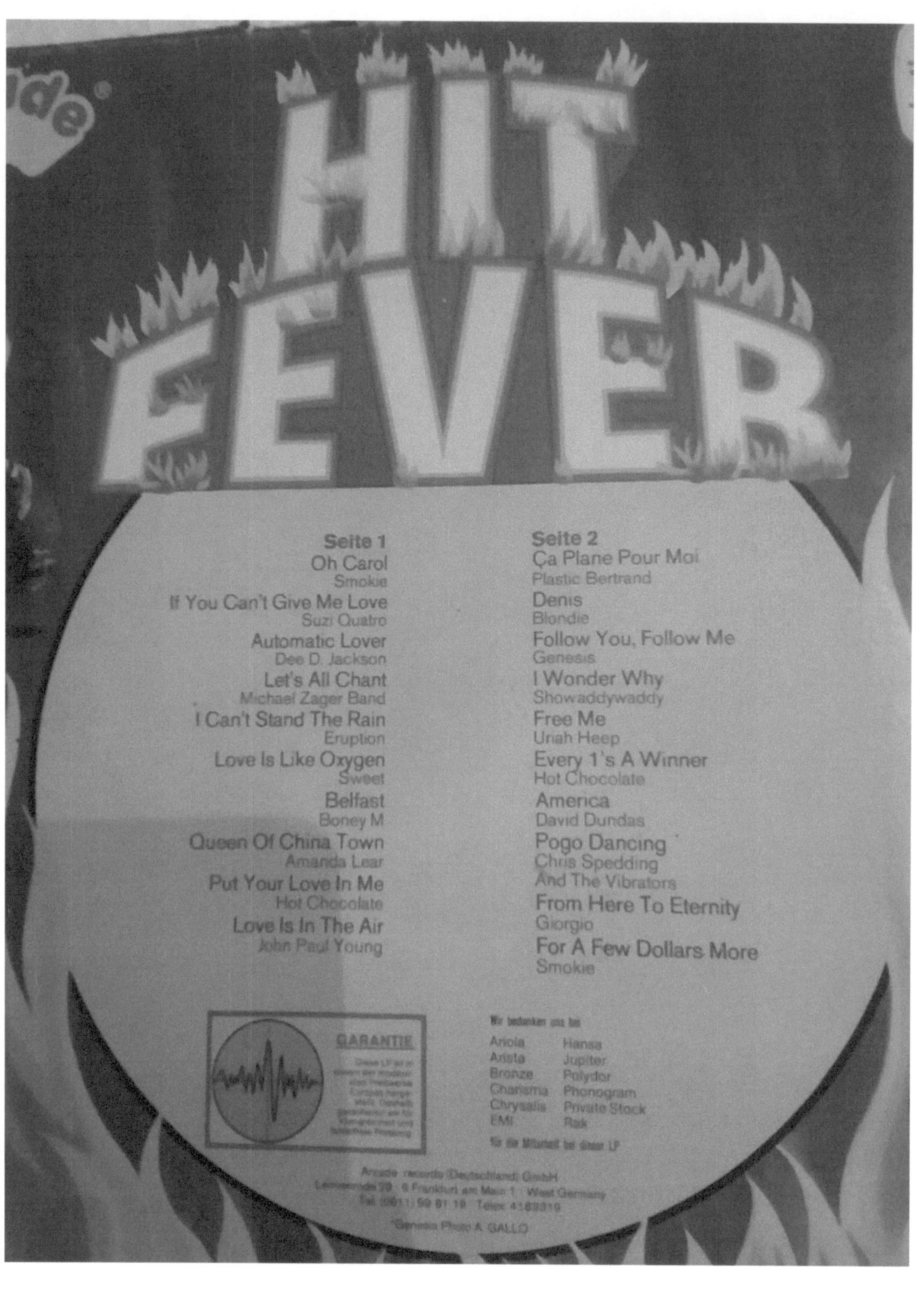

HIT FEVER

Seite 1
Oh Carol
Smokie
If You Can't Give Me Love
Suzi Quatro
Automatic Lover
Dee D. Jackson
Let's All Chant
Michael Zager Band
I Can't Stand The Rain
Eruption
Love Is Like Oxygen
Sweet
Belfast
Boney M
Queen Of China Town
Amanda Lear
Put Your Love In Me
Hot Chocolate
Love Is In The Air
John Paul Young

Seite 2
Ça Plane Pour Moi
Plastic Bertrand
Denis
Blondie
Follow You, Follow Me
Genesis
I Wonder Why
Showaddywaddy
Free Me
Uriah Heep
Every 1's A Winner
Hot Chocolate
America
David Dundas
Pogo Dancing
Chris Spedding
And The Vibrators
From Here To Eternity
Giorgio
For A Few Dollars More
Smokie

GARANTIE

Wir bedanken uns bei
Ariola   Hansa
Arista   Jupiter
Bronze   Polydor
Charisma   Phonogram
Chrysalis   Private Stock
EMI   Rak
für die Mitarbeit bei dieser LP

Arcade records (Deutschland) GmbH
Lerchesmde 29 · 6 Frankfurt am Main 1 · West Germany
Tel. (0611) 59 81 18 · Telex 4189319
Cjnnera Photo A. GALLO

20

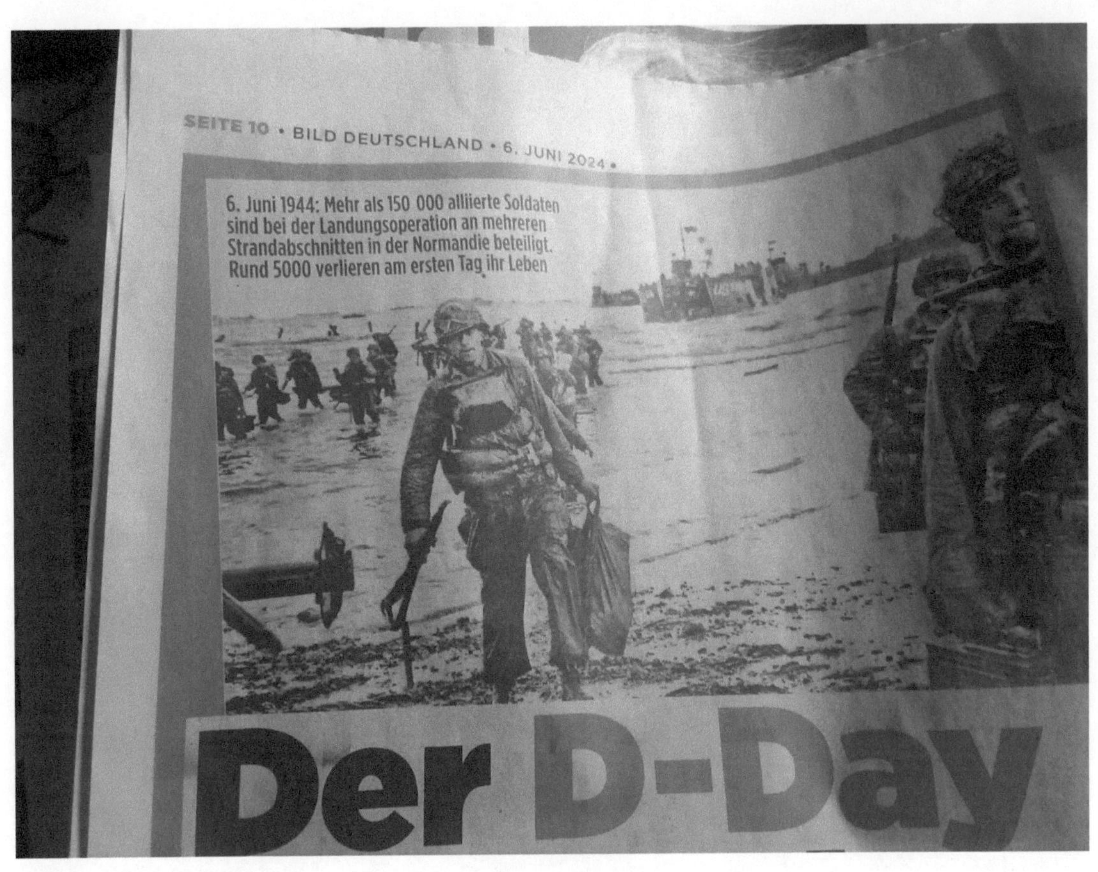

SEITE 10 · BILD DEUTSCHLAND · 6. JUNI 2024 ·
6. Juni 1944: Mehr als 150 000 alliierte Soldaten sind bei der Landungsoperation an mehreren Strandabschnitten in der Normandie beteiligt. Rund 5000 verlieren am ersten Tag ihr Leben
Der D-Day

+ Einlade

Gerd Steinkoenig
Admin · 29. Mai um 23:38 ·

Gerd Steinkoenig
29. Mai um 23:27 ·

YouTube Version

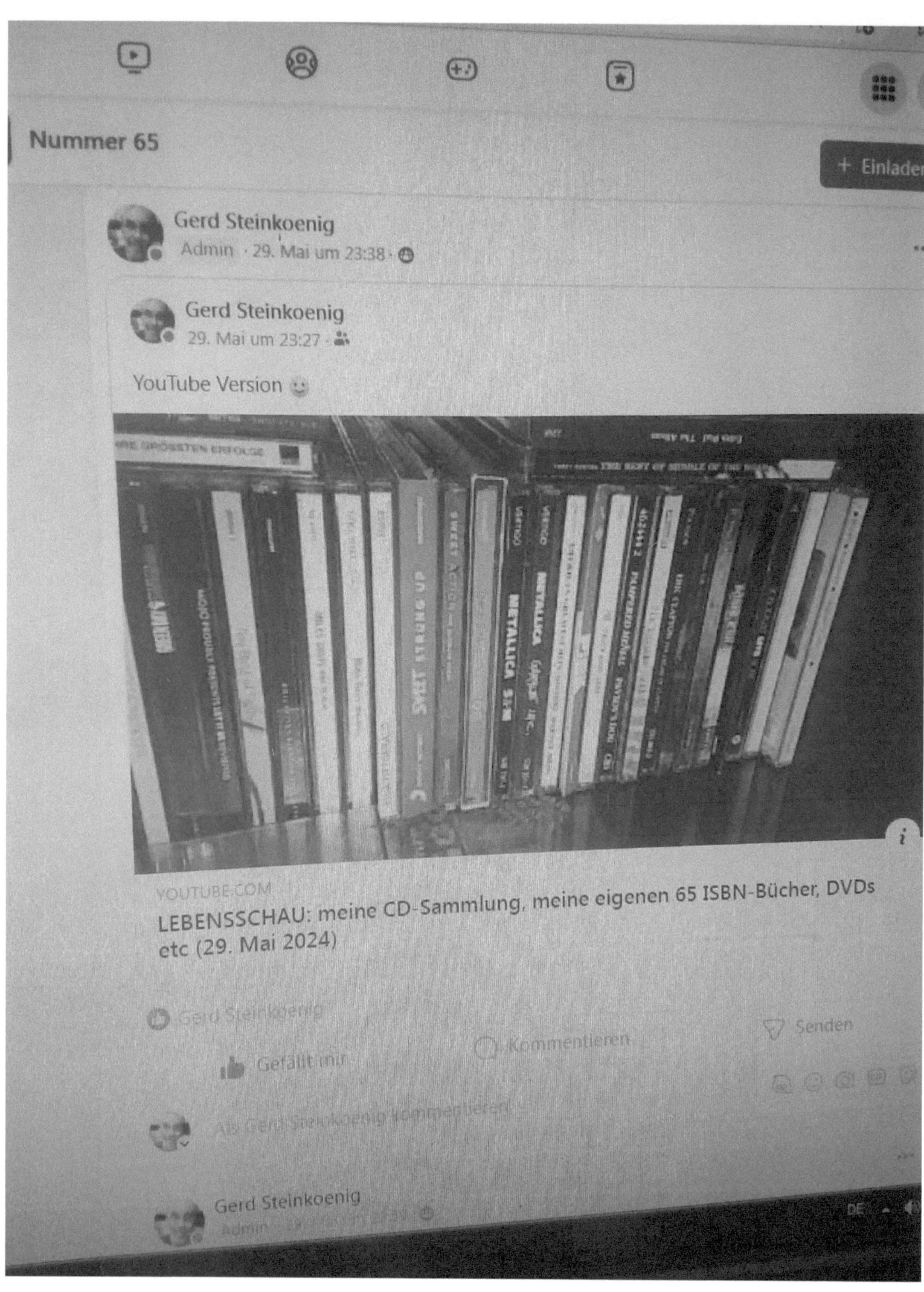

YOUTUBE.COM
LEBENSSCHAU: meine CD-Sammlung, meine eigenen 65 ISBN-Bücher, DVDs etc (29. Mai 2024)

Gerd Steinkoenig

 Gefällt mir   Kommentieren   Senden

Als Gerd Steinkoenig kommentieren

Gerd Steinkoenig
Admin ·

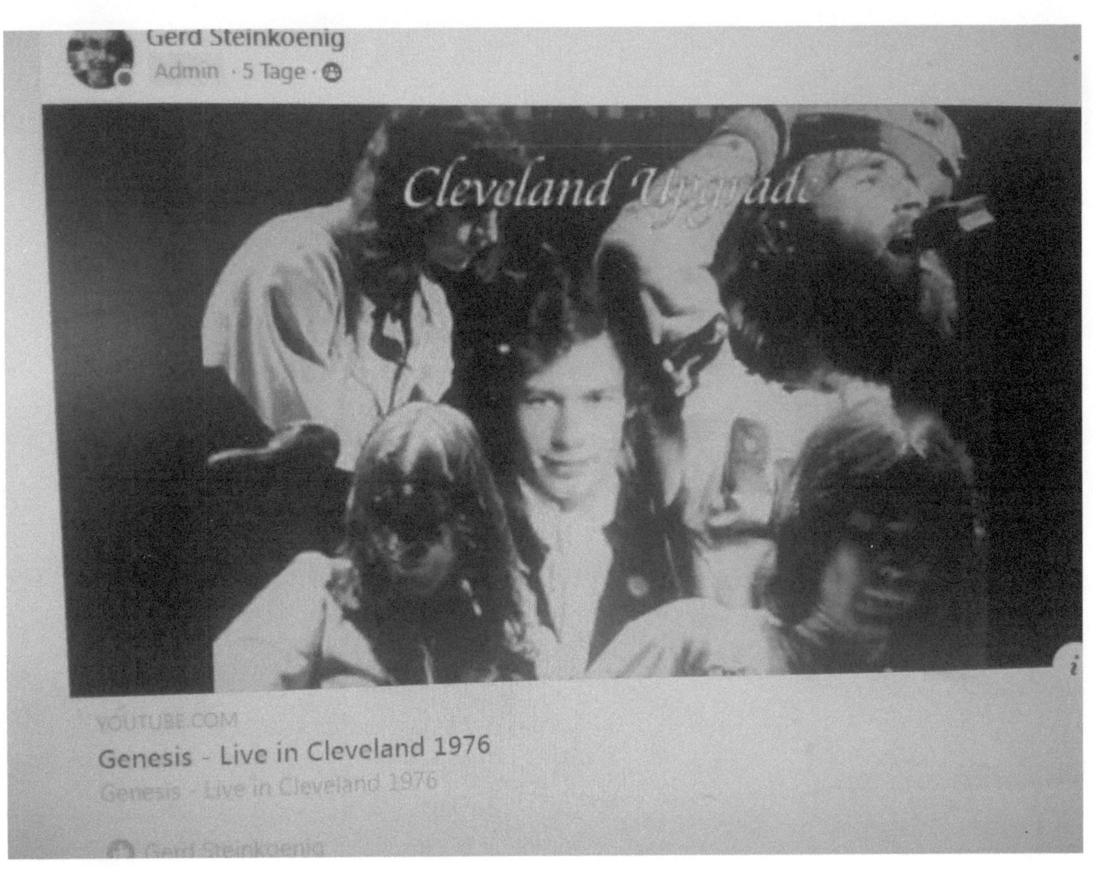

Gerd Steinkoenig
Admin · 5 Tage ·
Cleveland Upgrade
YOUTUBE.COM
Genesis - Live in Cleveland 1976
Genesis - Live in Cleveland 1976
Gerd Steinkoenig

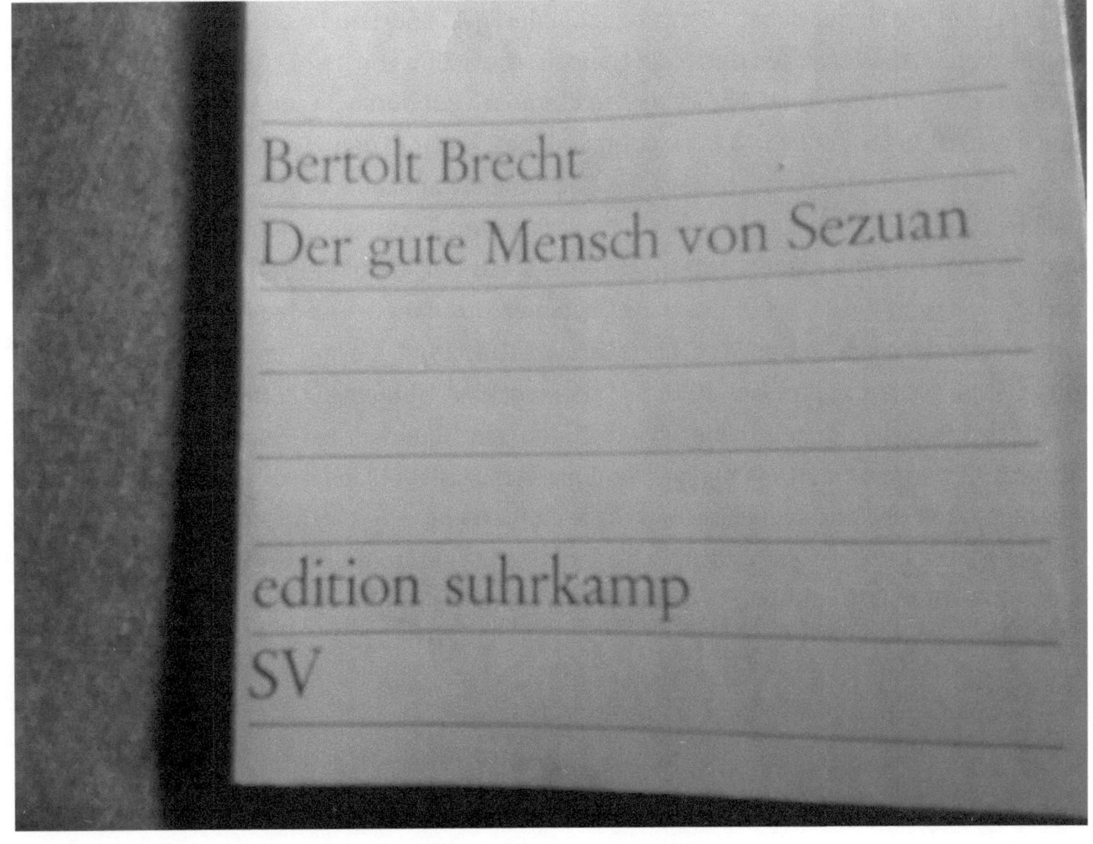

Bertolt Brecht
Der gute Mensch von Sezuan
edition suhrkamp
SV

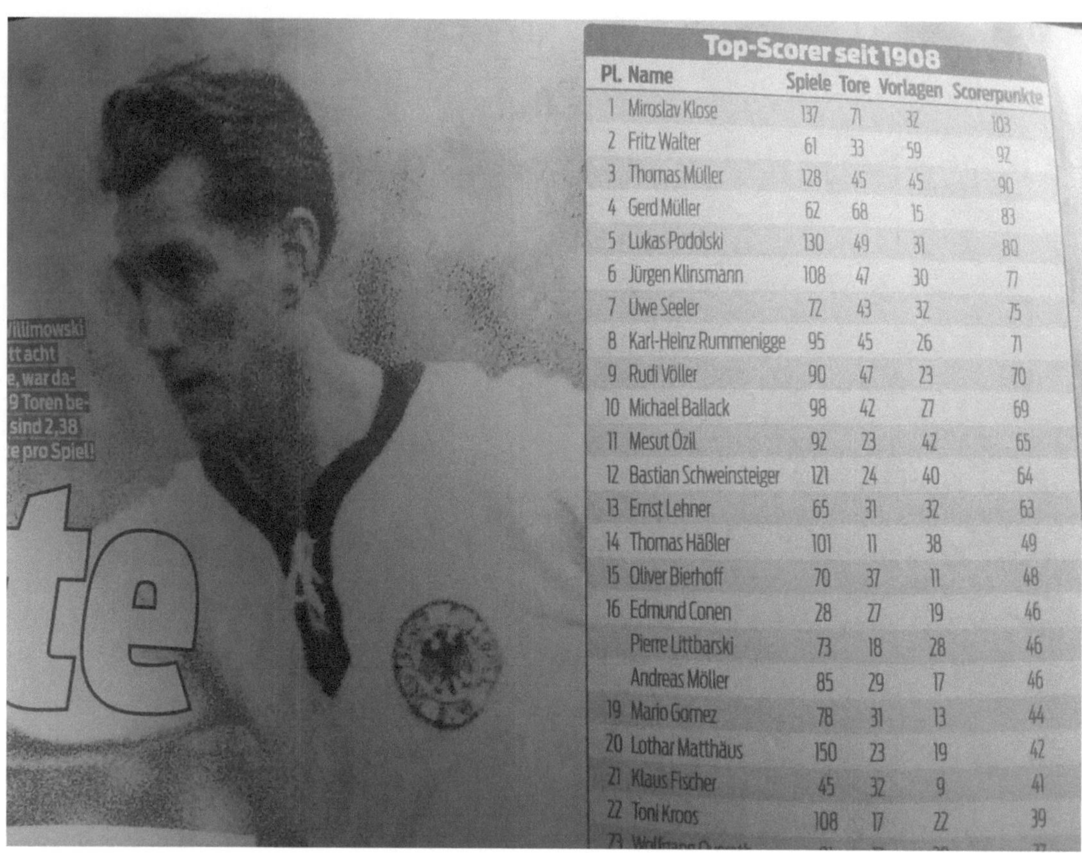

Pl.	Name	Spiele	Tore	Vorlagen	Scorerpunkte
1	Miroslav Klose	137	71	32	103
2	Fritz Walter	61	33	59	92
3	Thomas Müller	128	45	45	90
4	Gerd Müller	62	68	15	83
5	Lukas Podolski	130	49	31	80
6	Jürgen Klinsmann	108	47	30	77
7	Uwe Seeler	72	43	32	75
8	Karl-Heinz Rummenigge	95	45	26	71
9	Rudi Völler	90	47	23	70
10	Michael Ballack	98	42	27	69
11	Mesut Özil	92	23	42	65
12	Bastian Schweinsteiger	121	24	40	64
13	Ernst Lehner	65	31	32	63
14	Thomas Häßler	101	11	38	49
15	Oliver Bierhoff	70	37	11	48
16	Edmund Conen	28	27	19	46
	Pierre Littbarski	73	18	28	46
	Andreas Möller	85	29	17	46
19	Mario Gomez	78	31	13	44
20	Lothar Matthäus	150	23	19	42
21	Klaus Fischer	45	32	9	41
22	Toni Kroos	108	17	22	39

Top-Scorer seit 1908

Fußball - bei mir immer dabei... Samstag... Bundesliga... Sportstudio... / Der gute Mensch von Sezuan - hab ich gelesen durch die Handelsschule Zipp von 1974 - 1976 mit Literaturunterricht mit Chef Zipp. Ist heute literarisch gut durch diesen Literaturunterricht (auch gut mit Vater mit Pearl S Buck, John Steinbeck), war in den 70ern echt geil ,mit den Schulen (natürlich auch bääh, hahaha, im Nachhinein war Schule echt cool (mit Frau Barthels Weilerbach, Herr Cornelius KL, die Jäckle's aus Enkenbach, siehe in meinen Büchern wie mit dem Time/Pink Floyd-Unterricht...) / Genesis Live 1976! Bei You Tube sind geile Sachen von Genesis, Bill Bruford war als Drummer kurz dabei - und daa ist es (Mitte vom Foto). Es sind die legendären Progrock-Years! / D-Day 1944! Geiler Film: Der längste Tag! / Hit FEver mit Hits aus dem Jahr 1978... / "Lebensschau" ist meine you tube-Werbung zum 65. Buch... Auch hier meine/deine/unsere Zeiten: ein 18jähriger hat keine Ahnung von Musik 1978, vom D-Day 1944 meinen die Jungen nur: ist wohl ein neues Playstation-Game... Aber die Alten sind auch vergesslich, weil sie die Vergangenheit nicht sehen wollen... Mein Geschenk durch mein Gehirn - trotz Schlaganfall 2017 - erinnere ich sehr viel über meine Erlebnisse, Geschichte, Musik, TV-Serien, die 3 SEkunden-Momente von vor vielen Jahren und und...

EPILOG

Ich hab 4 Wochen facebook-Urteil (herabgesetzt wegen "Gewaltverherrlichung")!! Ich hatte nur ein YoutubeVideo von Pro 7 News Time über den armen, toten Polizisten von Mannheim gepostet! Nur eine Info, und facebook verurteilt mich!! Seit Jahren hatte ich es auch über diverse Sachen, wo nix war, wenigstens 2 Wochen. Jetzt gleich 4 Wochen, wo nix ist! Booaah!! Big Brother facebook are sucks!!

(6. Juni 2024, Gerd Steinkoenig)

C Gerd Steinkoenig

Annweiler am TRifels, 6. JUni 2024

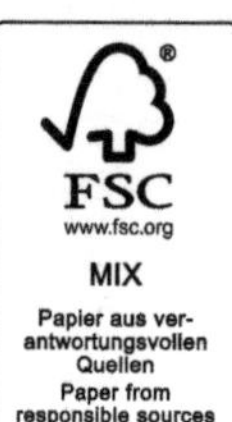